LA NOUVELLE LANTERNE

APPRÉCIATIONS

SUR

L'ESPÈCE HUMAINE

Par Williams Franklin

L'humanité, sous certains rapports, ne marche pas : elle se traîne.

Que chacun creuse son sillon : elle marchera.

PRIX : 30 CENTIMES.

2e édition, revue.

PARIS

CHEZ L'ÉDITEUR, 5, RUE THOUIN (Ve ARROND.)

ET CHEZ TOUS LES LIBRAIRES.

PRÉFACE.

UNE DÉCEPTION.

Depuis sept ans je voyage. J'ai fait quelques observations, non sur le bien, il est généralement connu, mais sur le mal, sur des plaies que l'incapacité, l'égoïsme, ou une excessive négligence et la mauvaise foi provoquent ou laissent subsister, et, sous ce rapport, les pays qui ont le plus d'étendue, le plus de population, ne sont pas les moins à plaindre, les moins maltraités.

Il y a peu de temps, je descendais de wagon au centre de Paris, et je me mis aussitôt à la recherche de la fameuse *Lanterne* tapageuse, dont je m'étais déjà procuré les premiers numéros il y a environ six semaines, à Péking, où elle faisait ouvrir de grands yeux et beaucoup parler.

C'était surtout la lanterne proscrite que je voulais ; mais toutes mes tentatives pour me la procurer ont été vaines : elle paraît introuvable, ce qui me cause une vive déception, car j'en ai un besoin extrême pour terminer un travail.

Le gouvernement de la France n'a pas seul, il s'en faut de beaucoup, la faculté d'exciter la critique ; je livre au public des appréciations qui le renseigneront à ce sujet. Je viens de loin, j'ai vu de près.

APPRÉCIATIONS

SUR

L'ESPÈCE HUMAINE [1]

———

L'humanité, malgré ses imperfections, ses défaillances, offre incontestablement un spectacle imposant ; elle a en sa faveur des faits prodigieux, sublimes. Cependant, lorsqu'on l'observe avec calme et impartialité, on se demande comment il faut la considérer foncièrement et si l'on peut l'admirer et l'aimer parfaitement dans son ensemble.

L'homme, supérieur aux autres êtres, parce qu'il est doué de raison, l'homme, qui s'intitule le roi de la terre, n'en est pas moins exposé, malgré sa puissance et son titre pompeux, à mille erreurs profondes, à mille chances de péril et de malheur.

Enumérons, examinons, un instant, les plus sérieuses, les plus redoutables de ces chances fatales ou vulgaires, nous y trouverons quelques enseignements.

Nous ne parlerons, autant que possible, que du temps présent, afin de pouvoir être bref.

* Signalons d'abord, sommairement, les affections ordinaires, si accablantes par leur nombre, et celles violentes ou incurables, presque toujours provoquées par l'homme. Voilà pour les premiers malheurs.

Puis, citons en détail :

* La caducité, souvent précoce, qui fait un fardeau, un supplice de la vie ;

[1] Inutile de chercher un ordre régulier de succession dans l'exposé des notes qu'on va lire ; cet ordre ne peut exister.

* L'ignorance, l'imprudence, le défaut de soins, qui, en causant bien des douleurs, diminuent singulièrement le nombre des enfants (chez les nourrices mercenaires, souvent un sur trois); l'insuffisance de surveillance de l'homme, à cet égard, est notoire;

* L'agglomération excessive des populations, qui vicie l'air et souvent les individus, nuit aux approvisionnements, surtout en temps de gêne; agglomération qui a aussi pour conséquence d'attirer les malfaiteurs, d'exposer aux émeutes, de provoquer les épidémies et d'exiger une police très-coûteuse;

* Le tort très-grave, dans un grand nombre de localités, d'exécuter des embellissements très-dispendieux, avant d'avoir procuré de l'eau potable aux populations, assuré un bon service contre les incendies et pris des précautions pour les cas d'inondation;

* La falsification des denrées alimentaires, industrie prodigieusement pratiquée, qui tue ou empoisonne à petit feu. Les classes moyennes, ainsi que les classes pauvres, sont les plus exposées à ce fléau, œuvre d'odieux coquins; si les classes supérieures étaient les plus exposées, le mal diminuerait vite.

Il est des pays où l'on a trouvé le moyen d'engraisser, en très-peu de temps, les bestiaux, ce qui donne un bénéfice énorme aux engraisseurs. La chair des animaux ainsi engraissés a très-bonne mine lorsqu'elle est découpée et mise à l'étalage; mais à l'usage elle est sans saveur, sans suc et coriace, attendu qu'elle n'a pas eu le temps de se faire; elle est, par conséquent, impropre à la nourriture. Ce procédé est des plus préjudiciables à la santé publique, et, si l'on ne met pas ordre à ce trafic, les contrées qui y sont en butte auront perdu la moitié de leur force physique avant dix ans.

Les *pots-de-vin*, une des plus tristes plaies de l'époque, qui engraissent un grand nombre de personnages, rendent difficile la découverte de ces fraudes infâmes, attendu que les délinquants sont presque toujours prévenus d'avance, lorsque l'autorité doit faire une visite chez eux.

Citons toujours :

* Une instruction hygiénique insuffisante donnée à la femme, chargée des premiers soins de l'enfance, question immense! nous venons de l'indiquer;

* La négligence de la lecture de livres traitant de la manière de conserver la santé, lecture qui porte à la réflexion, à l'observation, et fait éviter bien des malheurs ;

* Le tort déplorable, *toléré,* de faire travailler manuellement les enfants à l'âge où l'on ne devrait les occuper que de leur instruction ; aussi, les parents paient-ils cher cette faute, car à l'âge de la majorité les père et mère n'ont-ils, le plus souvent, dans leurs enfants, que des demi-brutes, au lieu d'individus parfaitement utiles ;

Citons à part une hideuse plaie, qui cause tant de dégoût, de scandales et de ruines dans les familles :

* L'ivrognerie, si répandue, qui dégrade et abrutit ; et l'on ne fait rien pour la restreindre ! Quelle honte !

Faisons suivre ce vice odieux par la passion du jeu, qui dessèche le cœur, fait convoiter avec fureur l'argent d'autrui, excite au crime et au suicide.

Les ivrognes ne sont autre chose que des malfaiteurs que la loi tolère.

* Dans tous les pays que nous avons parcourus, nous avons fait la remarque que voici :

Un des plus grands torts faits à la société, c'est celui causé par le trop d'indulgence dont on use à l'égard des malfaiteurs, soit au moment de leur condamnation ou après. Si jamais on abolit la peine de mort, les empoisonnements et les assassinats tripleront immédiatement. La prison et la déportation n'effraient guère les scélérats, car, là, ils ont toujours l'espoir de se sauver ou d'être graciés ; ils n'ont peur que de la corde ou d'avoir la tête supprimée.

* Un individu qui chasse un malfaiteur au lieu de le livrer aux tribunaux devrait être mis à une forte amende, attendu que ce malfaiteur pourra faire cent victimes, avant d'être repris, s'*il doit l'être.*

Passons à d'autres faiblesses, à d'autres périls :

* Le désir outré des grandes places et des honneurs, qui pousse aux bassesses. Voyez, autour de certains pouvoirs, des flots de valets et de courtisans qui dévorent la moitié des finances de leur pays aux abois...

* Les habitudes efféminées et ridicules chez des êtres (baptisés, dans leur pays, petits crevés) qui, par leur éducation et leur position, devraient donner l'exemple de la vigueur et du

jugement, et ne font que provoquer l'antipathie et le mépris : la débauche les a conduits là;

* L'abandon de la politesse et des bonnes manières : premier pas vers la décadence générale;

* La rareté du bon sens... plaie béante, qui n'est pas près de se fermer;

* L'incrédulité de parti pris, par suite d'une mauvaise éducation.

* Les livres mis à l'index font souvent la réputation et la fortune de leurs auteurs... Qui donc a tort?

* Le manque de respect pour les lois, défaut que l'on rencontre surtout chez les ignorants, chez les hommes dépourvus de jugement et chez les mauvais sujets : catégories immenses;

* La lâche indifférence d'un grand nombre d'individus pour les actes arbitraires qui ne les touchent pas directement, conduite qui fait tripler les injustices;

* Le manque ou le trop peu de considération pour les femmes : défaut très-répandu;

* L'absence de dignité, de modestie chez un grand nombre de ces dernières. Les femmes qui imitent les manières, les habitudes des hommes, n'inspirent que la passion grossière, l'indifférence ou le mépris.

* Presque partout le libertinage a remplacé l'amour : malheur aux femmes!!!

L'homme immoral a tué le bonheur le plus vif donné par la nature.

Passons encore à d'autres dangers, à d'autres malheurs:

* Le manque ou l'insuffisance de travail, si funeste à l'ouvrier, si fatal à l'ouvrière;

* Donner le travail, les emplois de la femme à l'homme, quelle honte! quelle pitié!

* Réduire la femme au travail de l'homme, quelle action de sauvage!

* Le défaut déplorable d'éducation et d'ordre chez les ouvriers des villes, qui les pousse à la dépravation;

* La triste ignorance des habitants des campagnes, laquelle restreint les productions du sol, leur qualité, et fait des *machines*, qui se perpétuent, d'un grand nombre de ces travailleurs;

* L'abandon de la plus utile des professions, l'agriculture, pour aller se jeter dans la plus humiliante, la domesticité des villes;

* L'absence du bien-être qui entretient l'ignorance. Tant que l'ouvrier sera forcé de travailler dix ou douze heures par jour pour se nourrir, se vêtir et se loger d'une manière insuffisante, il lui sera impossible de s'instruire convenablement. D'un autre côté, tant qu'un grand nombre de travailleurs iront passer leur temps d'inaction au cabaret, où ils apprennent à faire des dettes, à devenir ivrognes, égoïstes, doublement mauvais sujets, l'instruction, ce bien qui rend l'homme digne de la liberté, marchera très-mal chez cette classe : le désordre, comme l'impôt excessif, produit toujours la misère et l'ignorance;

* La cupidité, la voracité de certaines nations qui affament leurs voisins;

Il y a peu d'années, l'odieuse opposition, par égoïsme, de certains hommes d'État, dans l'accomplissement d'un progrès immense, le percement de l'isthme de *Suez;*

* Les spéculations aventureuses, qui causent tant de ruines, de désespoirs et de suicides;

* Le précieux principe de l'association, trop peu usité, surtout par les populations rurales;

* L'odieuse rapacité de certains possesseurs de maisons, de denrées alimentaires, rapacité qui triple les souffrances du prolétaire, l'exaspère, l'excite à la haine, à la vengeance, le porte à ne plus rien respecter, lui fait désirer avec ardeur les bouleversements, le jette dans les sociétés secrètes et le transforme en bête féroce dans les révolutions;

* La possibilité, toujours existante, dans beaucoup de contrées, de voir la force armée abandonner le pouvoir en présence des populations lésées, trompées et justement exaspérées;

* Les associations, très-dangereuses, de hauts charlatans.

Une vieille histoire qui se répète souvent :

Un pauvre diable, poussé par la faim, vole un pain chez un boulanger; il est condamné; c'est un voleur, on le fourre en prison.

Un individu vole des millions : c'est un grand financier!

* Au train dont vont les choses, dans peu d'années, pres-

que tout l'or des nations sera entre les mains des financiers, des compagnies de chemins de fer, de certains fonctionnaires, des marchands de tabac et de quelques privilégiés. Dans certaines contrées, les propriétaires de maisons, si l'on continue à les laisser faire, seront bientôt aussi, en raison de leur infâme rapacité, en possession d'une bonne partie de la fortune publique. Quelle perspective !...

* Que dire de la déplorable conduite que l'on tient, souvent, à l'égard des inventeurs, des hommes de génie qui rendent d'immenses services à l'humanité ? Si les neuf dixièmes ne se ruinent pas ou ne meurent pas avant d'avoir obtenu justice, ce n'est pas de la faute de ceux qui devraient les protéger.

Faut-il rappeler que Fulton, après avoir présenté une invention immense à l'Académie des sciences d'un grand empire, fut regardé comme une espèce de fou, et obligé d'aller chercher des juges ailleurs ?

* La lenteur malheureuse avec laquelle s'opère l'amélioration des eaux qui peuvent être rendues parfaitement potables, question hygiénique immense !

Les irrigations, question également puissante et encore arriérée. La lenteur tout aussi malheureuse avec laquelle s'opère le reboisement des montagnes, lenteur causée par l'impéritie de certains gouvernements et la stupidité des populations qui détruiront demain les améliorations d'aujourd'hui !

Poursuivons notre énumération :

* Le relâchement des liens de famille, le manque de respect pour la vieillesse ;

* La recherche de l'argent, bien plus que de l'honorabilité, dans les alliances matrimoniales ;

* L'impuissance des lois pour empêcher le duel qui, deux fois sur trois, est funeste à ceux qui ont raison ;

* La convoitise, l'antipathie pour les classes riches, chez la majeure partie des serviteurs à gages, ainsi que chez les ouvriers qui ont fréquenté ou fréquentent encore les associations secrètes : plaie redoutable !

* Les dissidences religieuses ou politiques et l'indifférence en matière de religion, qui causent tant de divagations et de discordes ;

* L'intolérance, sœur de la haine et de l'hypocrisie, ennemie mortelle du progrès et de la conciliation ;

* L'obscurité et le défaut de logique dans un grand nombre de croyances. « Toutes se contredisent, chacune d'elles affirmant que les autres sont des impostures ou pour le moins des erreurs. »

* L'homme voulant définir l'Etre suprême est dans la position d'un ciron qui voudrait définir le soleil et la terre ;

* Les miracles, les momeries, battus de plus en plus en brèche, mais qui persistent et se cramponnent avec fureur, malgré la raison, malgré la science ;

* L'oubli des enseignements du passé, si malheureux en politique surtout ;

* Le très-grave danger de la corruption dans l'exercice du suffrage universel, encore incompris par les trois quarts des masses, institution sublime, appelée à régénérer le monde, lorsque les classes les plus nombreuses sauront en faire usage ; mais ce moment viendra-t-il dans ce siècle?... Retard fatal ! !

* Le sentiment sublime de la fraternité, loi du Christ, qui n'existe guère qu'en paroles...

* Les crises commerciales et financières, qui causent la gène, le mécontentement et préparent les conflits ;

* Malgré d'immenses progrès, c'est cent fois triste à dire, le bien-être n'existe que pour le petit nombre au lieu d'exister pour la majorité. Le bien-être, c'est la possession du nécessaire ;

* Quant à la véritable sécurité, elle n'existe pas ;

* Les abus de la presse : actes si nuisibles à la liberté de la pensée ;

* La publication d'idées subversives qui trouvent toujours des partisans parmi les ignorants, les hommes de désordre et ceux qui manquent de bon sens, dont le nombre est effrayant ;

* Le mensonge et la flatterie, qui ont toujours plus ou moins accès chez les souverains ;

* Les entraves intempestives apportées à la presse, lesquelles produisent toujours de déplorables résultats. Une *presse* sage éclaire le monde, tue les abus.

* L'existence de mauvaises lois, qui accuse l'incapacité ou la mauvaise foi ;

   * L'immense danger d'appeler aux affaires des hommes d'une haute capacité, mais sans pudeur et qui osent mentir à la tribune ;

   * Le mauvais usage des finances publiques, dans beaucoup de contrées, des administrations qui, par leurs désordres, ruinent leurs administrés, et par là poussent aux plus terribles révoltes ;

   * L'impôt excessif sur les denrées alimentaires, acte funeste, car il attaque la vie des populations et les exaspère.

   * Le tort déplorable de rechercher avec fureur de nouveaux moyens de destruction de l'homme par l'homme, au lieu de s'occuper sérieusement de la création d'une langue universelle pour rapprocher les peuples ;

   * L'infection des armées, des hauts emplois, des administrations, par des protégés impudents et sans mérite. Les protecteurs de ces pestes sont ordinairement eux-mêmes sans mérite ou des êtres immoraux.

Citons spécialement :

   * L'aberration très-bizarre de certains peuples, aussi confiants que présomptueux, qui se disent parfaitement libres, et chez lesquels pourtant les roturiers ne peuvent posséder aucune terre, quelle que soit leur fortune, ni grades d'officier dans les armées sans les acheter, quel que soit leur mérite ou leur bravoure. Ces peuples présentent à la fois le tableau d'une haute intelligence et des idées les plus pitoyables. Cette situation est loin d'être sans danger, un réveil violent peut se produire..... L'absurde prétention que nous venons de citer a pourtant un équivalent, on le verra plus loin.

Poursuivons notre nomenclature :

   * L'injustice qui, dans tous les siècles, a fait verser tant de sang et de larmes et qui continue son œuvre ;

   * La convoitise et la perfidie séculaires de certaines puissances, qui troubleront constamment la sécurité générale et obligeront toujours les autres États à garder des forces militaires imposantes, car

   « Les nations chez lesquelles le sentiment guerrier a baissé ou « disparu, ou n'existent plus ou sont au dernier rang. »

* Le tort des gouvernements qui entravent le progrès, au lieu de marcher résolûment à sa tête : les peuples civilisés approuvent, admirent toujours une noble franchise et une sage hardiesse.

* Le tableau d'une nation de trente-six millions d'âmes, qui présente trois millions de bâtards *connus* (probablement autant d'inconnus), témoigne tristement de la situation des mœurs, surtout si l'on songe que les autres pays, en Europe, sont dans une position à peu près identique. Aussi, les jeunes hommes ne se marient-ils, la plupart du temps, que lorsqu'ils sont exténués, ne savent plus que faire, ou lorsqu'ils ont besoin d'argent pour payer leurs dettes ; il est vrai que ce procédé n'est pas neuf.

* Puisque nous en sommes sur les mœurs, citons, en passant, sans les nommer, quelques nations où la morgue, la malveillance vont jusqu'à insulter les étrangers qui se risquent à aller les visiter soit pour leur instruction, soit pour des affaires commerciales ou dans un but artistique. Ces nations ont produit cependant de très-grands hommes dont beaucoup de descendants, il faut bien le dire, sont devenus très-petits et particulièrement partisans de la force brutale, surtout quand ils sont trois ou quatre contre un.

N'oublions pas de dire aussi que, sur plusieurs points de l'Europe, le couteau est encore, sans déclaration de guerre, comme en Amérique le révolver, la preuve irrésistible du droit. Allez donc vivre chez ces gens-là !...

Citons encore, toujours pour mémoire, certains peuples, *très-fiers*, où grand nombre de jeunes gens instruits font usage de manières et d'un langage ignobles, même sur la voie publique, et font aussi, *au grand jour*, leurs délices de nymphes du demi ou du quart de monde, surtout de celles qui fument et se grisent le plus.

Ajoutons que les classes inférieures, imitant l'exemple qui leur est donné, vocifèrent dans les rues les propos et les chansons les plus obscènes, malgré une police nombreuse.

Tout cela n'empêche pas que là, ainsi qu'ailleurs, comme à certaines mauvaises époques, les empoisonnements, les arrestations à main armée, les meurtres sur les routes, dans les rues, la nuit, et dans les habitations, n'aillent leur train, malgré une force armée et une police formidables (Voir les gazettes des tribunaux).

Comme tout cela est édifiant et donne des espérances pour l'avenir !...

Autres questions graves :

* Le défaut d'une instruction morale, la lecture, très-répandue, de mauvaises publications, préférée à celle qui forme le cœur et l'esprit; de là tant de conduites extravagantes et immorales, tant d'unions mal assorties, d'enfants mal élevés, tant d'idées absurdes en matière de religion, de politique; de là encore tant de positions précaires ou misérables, et aussi un esprit public pitoyable parmi les classes inférieures, esprit qui peut faire faire un très-mauvais usage du *vote* dans les élections, danger immense!

Nous ne parlerons que pour mémoire des auteurs de mérite délaissés, mourant de consomption, ou de misère, ou à l'hôpital, cet état de choses ayant constamment existé; mais ce n'en est pas moins toujours un mal honteux dans la société, une plaie qui pourrait être diminuée. Ceux qui, souvent par un dévouement sublime, servent, éclairent l'humanité ne devraient plus, au dix-neuvième siècle, mourir misérablement.

* *L'instruction, question capitale :*

Dans beaucoup de contrées, on s'occupe bien plus de développer la mémoire des élèves que de rectifier leur jugement; on cherche plus à faire des savants que des hommes sensés et moraux. Avec ce système on fait beaucoup de pédants, infiniment de sujets loquaces d'une présomption déplorable. En suivant cette pente, les hommes distingués deviendront de plus en plus rares.

* Dans les pays où l'instruction est donnée par deux partis qui s'abhorrent, une telle situation amènera infailliblement des conflits, des bouleversements : on n'a pas l'air d'y songer sérieusement!...

Cette instruction marche singulièrement en certains lieux; voici une grande puissance qui possède un immense éclat qui date de loin, puissance qui, lorsqu'elle éternue, fait que toutes les autres sont enrhumées, et dont, pourtant, les classes inférieures sont en quatrième ligne, parmi les nations de l'Europe, comme lettrées. D'où vient cette triste bizarrerie? C'est que ce prodigieux pays a eu pendant longtemps un parti rétrograde, puissant, qui paralysait son action : le soleil est souvent obscurci par des nuages.

Voici un autre pays qui a eu un éclat et une puissance extraordinaires, sous le rival de François Ier. Pourquoi est-il tombé en décadence, dans l'anarchie, et ses classes inférieures sont-elles au dernier rang sous le rapport de l'instruction? — C'est parce qu'il a eu l'horrible inquisition, ainsi que des hommes institués pour prêcher l'amour de Dieu et du prochain, les bonnes mœurs, et qui y ont propagé l'hypocrisie, la haine, le libertinage et les ténèbres, sous un des plus beaux climats du monde.

---

* Certaines nations, très-orgueilleuses, se disent parfaitement avancées et sont en retard sous le rapport de la liberté, car les actes arbitraires y font de fréquentes apparitions (mais que de haines ils soulèvent!...). Une nation n'est parfaitement avancée qu'autant qu'elle est parfaitement libre, qu'autant que le pouvoir n'y peut commettre aucune iniquité impunément.

* Les haines et les iniquités politiques jouent un grand rôle dans la vie des nations, causent un profond malaise et retardent le progrès ;

* Un grand et généreux peuple demande, avec instance par la voix de son souverain, un congrès pour arriver à une paix générale. Certains gouvernements, notoirement perfides, lui répondent : *Non possumus...* D'autres, enragés, lui montrent les dents !

Soyez donc loyal et généreux avec ces gens-là !

Où conduit le défaut d'entente :

* L'impéritie d'un grand nombre de nations qui ont laissé un État insatiable exercer, pendant des siècles, le rôle de pirate sur tous les points du globe où il a pris position par la violence ou par d'odieuses ruses, tandis qu'une sommation collective pouvait mettre fin, dès le début, à ces scélératesses.

O triste politique! tu ne brilles que pour exécuter des crimes et pour sanctionner les faits accomplis...

A une époque encore récente, une nation héroïque, qui sauva jadis l'Europe de l'invasion des musulmans, éprouve des dissensions intérieures qui l'affaiblissent cruellement. Trois grandes puissances se liguent, l'envahissent, sans déclaration de guerre, se la partagent, égorgent ou déportent tout ce qui résiste. Dans l'espace de quelques lustres la terre recouvre des millions de victimes..... et cet acte gigantesque de brigandage reste dans les faits accomplis !

L'une des trois puissances dont nous venons de parler demande aujourd'hui, *par humanité*, la suppression des balles explosibles : quelle odieuse comédie !!! C'est cette même puissance qui a déjà tenté d'envahir un autre État faible afin de pouvoir étendre sa tyrannie en Europe et en Asie..

* Le progrès le plus remarquable, parmi les plus formidables, accompli dans ces derniers temps, à une époque qui se pique de philanthropie, c'est la possibilité de pouvoir anéantir une grande nation en quelques jours, ou même en quelques heures. En voyant une telle situation, ne serait-on pas en droit de croire que c'est parfois l'enfer qui dirige l'espèce humaine ?

Autre progrès, plus remarquable encore :

Un diplomate, d'une fourberie inouïe, pousse son souverain, très-loyalement perfide, dans une guerre parfaitement injuste ; on se massacre, puis les agresseurs ont le dessus ; après la victoire, ils continuent le pillage chez des populations incapables de leur résister ; ils démolissent des souverainetés, se les annexent, et, lorsqu'ils sont rassasiés de sang et d'iniquités, on proclame bien haut que l'être infernal qui a provoqué toutes ces horreurs est un grand ministre !!!

Ne semble-t-il pas, souvent, que l'homme a déclaré un duel à mort à l'équité et au sens commun ?

Après ces prouesses, on pourrait tirer le rideau, mais poursuivons :

Les bizarreries les plus atroces pleuvent de tous côtés :

Une puissance qui a rendu les plus grands services à l'humanité, qui a le plus ardent désir de la paix, possédant pourtant des moyens formidables pour faire la guerre, y compris l'or, est précisément celle qui excite, sans être hostile injustement, le plus de jalousie et le plus d'ennemis : ainsi vont les choses humaines ! Mais sans être prophète on pourrait dire : malheur à qui réveillera le lion qui dort !

Si, au point où en sont les choses, ce peuple honnête et pacifique vient à s'enflammer un jour par suite de provocation, le lendemain les trois quarts du monde seront en feu !... Alors, malheur aux traîtres et aux fanfarons !!! Les peuples honnêtes seront pour la puissance honnête ; certains gouvernements fourbes éprouveront bien des déceptions !

On a avancé qu'avec la politique ambitieuse et perfide de certains États, avec le défaut d'entente chez certains autres, la possibilité de ne plus voir que trois puissances prépondérantes existe : la Russie, empire d'Orient; la Prusse, empire d'Occident, et les États-Unis, empire d'Amérique. Et l'on a ajouté :

La jalousie, chez une grande puissance, et l'aveuglement chez d'autres peuvent amener là, supposition inadmissible. (Pour les développements, voir les *Études et Tableaux de la vie militaire*, chez Dumaine, rue Dauphine, et Garnier frères, Palais-Royal.)

Reprenons un moment notre énumération :

* Enfin, parfois l'impéritie ou l'immoralité des administrations provoque la misère, le mépris de l'autorité, l'anarchie, les révolutions fratricides, lesquelles marquent souvent la décadence ou la perte d'un Etat, d'une nation.

* Si les bêtes pouvaient parler, que diraient-elles de la situation que voici?
Jamais on n'a vu de plus ardents désirs pour la paix qu'en ce moment; jamais on n'a vu en même temps des armements aussi formidables préparés pour la guerre!... Quelle admirable confiance les nations ont entre elles!!
Pauvre humanité! comme elle patauge!!! N'ayant personne pour la vaincre, elle se fait battre à plates coutures par ses propres erreurs, ses défaillances et par ses scélératesses.
Regardez certains points de l'horizon, vous apercevrez des embarras, des divisions qui font frissonner, des ambitions qui frémissent et n'attendent qu'un moment favorable pour faire couler des flots de sang et exécuter des bouleversements épouvantables. Vous verrez aussi des peuples les plus opposés de mœurs et d'institutions, impatients de se liguer pour s'agrandir démesurément; d'autres, prêts à trahir ceux qui les servent, ou qui les ont sauvés!
Quel spectacle donné par l'homme, qui s'intitule roi de la terre!
N'aurait-on pas le droit de croire que la justice et la raison ont reçu, dans ces derniers temps, un redoublement de coups de mitraille?
Hélas! nous n'avons pas fini avec notre énumération, car viennent aussi, inexorablement :

* L'intempérie des saisons, qui double les douleurs des malheureux, malgré les secours officiels et la charité publique;

* Les terribles épidémies, fléaux contre lesquels la science se brise, et qui emportent tant d'êtres d'un dévouement sublime;

* Les épouvantables catastrophes, si fréquentes, causées par l'emploi de la vapeur et des produits chimiques;

* La foudre, qui terrifie, brûle et tue;

* Les affreux tremblements de terre, image du chaos;

* Les orages et les ouragans dévastateurs, causes de tant de ruines;

* Les incendies qui causent d'innombrables désastres;

* Les sinistres maritimes, qui engloutissent tant de trésors, tant d'espérances et de courageuses victimes;

* Les inondations, qui ravagent et sèment la terreur;

* Les années stériles, qui répandent l'effroi, la misère et produisent les tortures de la faim.....

A toutes ces causes de malheurs, l'homme joint souvent la présomption, l'imprévoyance, et toujours des habitudes funestes qui assombrissent et abrégent encore sa vie; et, pour couronner tant de chances fatales, il y ajoute l'amour effréné de l'or et d'autres passions qui entravent surtout le progrès moral, causent les injustices, les jalousies, les vengeances, les meurtres isolés si fréquents, le vol et la guerre!

Voilà où en est encore l'espèce humaine, sous le rapport moral, sous celui de la sécurité, du bien-être, après tant de leçons éclatantes du passé, tant de recherches, de labeurs, de sacrifices, d'éloquence dépensée, de chefs-d'œuvre prodigieux, de découvertes grandioses, fabuleuses, après plus de cinquante-huit siècles écoulés!!!

L'homme a conquis un immense éclat! mais ses écarts, ses erreurs l'écrasent....

On vient de le voir :

> L'humanité, sous certains rapports,
> ne marche pas : elle se traîne.

Imprimé par Ch. Noblet, rue Soufflot, 18.

www.ingramcontent.com/pod-product-compliance
Lightning Source LLC
Chambersburg PA
CBHW051323050726
47595CB00008B/3688